MOVIMIENTO UNO
EL METODO PARA EL BATERISTA MODERNO

Dedicado a Natale Bacino.

Índice.

Introducción.

"Movimiento Uno" es un método diseñado para desarrollar bateristas de acompañamiento en solo 50 días, estudiando 2 ejercicios diarios 45 minutos cada uno. Y fue creado de manera práctica y creativa, basado en ejercicios de 4/4 para acompañar los géneros Balada, Pop, Rock.

Conoce un poco sobre la historia de la batería.

Los instrumentos de percusión son conocidos como los más antiguos de los instrumentos musicales. El origen de la batería radica en la unión de unos cuantos instrumentos en 1890. Los tambores y los timbales surgieron de China y África. Los platillos de Turquía y China. Y el bombo de Europa.

Antes de que todos los tambores y platillos fueran unidos eran tocados por varias personas, cada uno se encargaba de tocar una pieza. Pero las pérdidas durante la primera guerra mundial afectaron a la alta burguesía, que solía contar con pequeñas orquestas privadas, y se vieron obligados a reducir el número de músicos sobre todo los percusionistas, aprendieron a tocar varios instrumentos a la vez.

Con la invención del pedal de bombo en 1910, por parte de Wilhelm F. Ludwig, se permitió que casi todos los instrumentos de percusión pudieran ser tocados por un solo músico.

La conformación de la batería.

Una batería básica está conformada por cinco tambores, los cuales se les llama piezas, los platillos no cuentan como piezas.

Para comenzar a tocar la batería no necesitas tener un instrumento costoso, puedes empezar con algo sencillo y económico.

Partes de la batería.

1 - Bombo.

2 - Redoblante.

3 - Tom Agudo.

4 - Tom Medio.

5 - Tom de Piso.

A - Platillos Hi-Hats.

B - Platillo Crash.

C - Platillo Ride.

Las baquetas.

Escoger las baquetas adecuadas es un poco complejo ya que existen diferentes marcas y modelos, también va a depender del tamaño de tu mano. Te recomiendo la marca #1 en el mundo, el par perfecto "VIC FIRTH". Si tienes manos de niño o adolescente puedes usar una 7A que son un poco finas y menos pesadas, si tienes más de 15 años puedes usar las 5A o 55A que son una medida intermedia entre la 5A y la 5B.

Partes de la baqueta.

Punta   Cuello   Cuerpo   Cabo

Como agarrar las baquetas.

Los dedos Pulgar e índice toman la baqueta en forma de cruz, antes de colocar los otros dedos busca un punto de balance donde la baqueta tenga mayor rebote, luego ubica los otros tres dedos sobre la baqueta como se muestra en la imagen.

Cuál es la posición correcta antes de tocar.

La posición correcta es estar lo más cerca posible de todas las piezas y por su puesto sentirte cómodo. Te recomiendo que busques una buena silla de batería es muy importante.

Técnicamente las piernas deben estar en forma de "V" con el redoblante y todas las extremidades deben tener un ángulo de 90 grados aproximadamente como se muestra en la imagen.

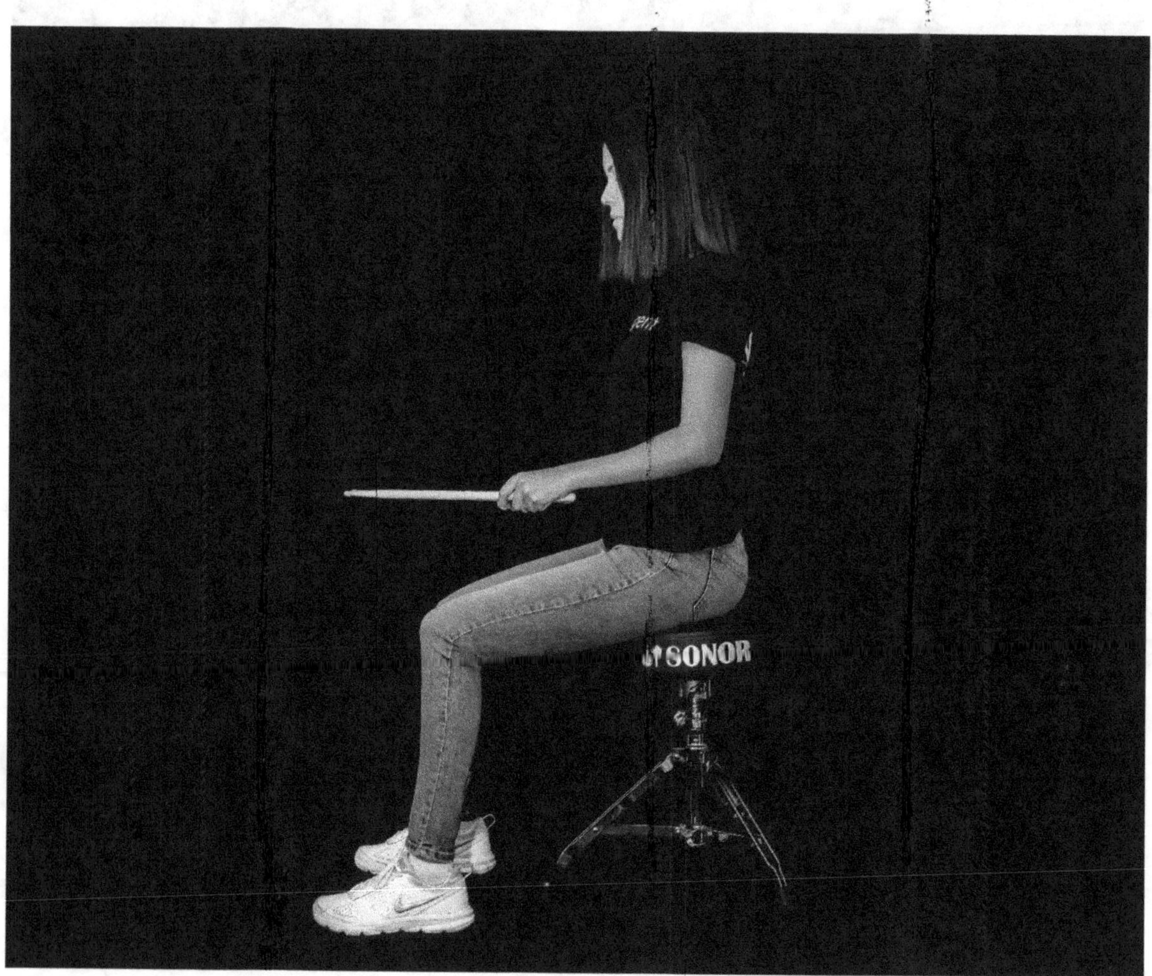

Cuál es el bombo y como se debe tocar.
El bombo es el tambor más grande de la batería y el de timbre más grave aunque de tono indeterminado. Debido a su sonido grave, se usa para marcar y mantener el pulso en diversos estilos de música.

Hay dos maneras de cómo puedes tocar el bombo, una con el pie completo sobre el pedal y otra con el talón del pie levantado.

"Pie completo sobre el pedal"
El talón sobre el pedal y levanta un poco la punta del pie, esta técnica se usa para tocar en lugares pequeños y cerrados donde no es necesario proyectar tanto el sonido del bombo.

"Talón Levantado"

Se usa la punta sin dejar caer el talón, si te gusta o usas doble pedal esta es la técnica que deberías usar. Esta se utiliza para tocar en sitios abiertos o al aire libre, donde se necesita mayor proyección de volumen.

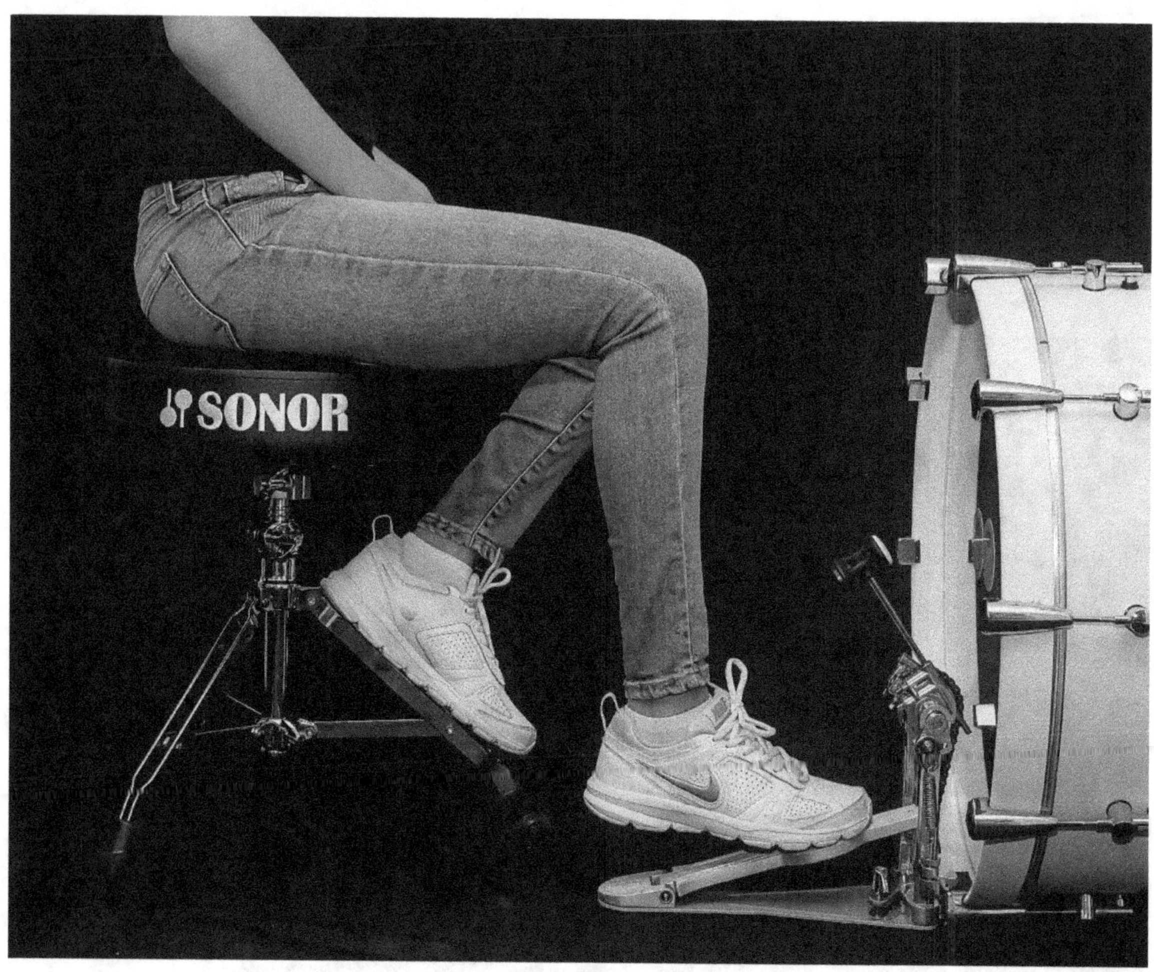

Antes de conocer los tambores, platillos y como tocarlos, debemos saber que técnica vamos a usar.

La técnica moeller.
Esta es la técnica que vamos a usar y es la que personalmente recomiendo. Básicamente te ayuda a desarrollar velocidad en las manos y también mejorar los golpes.

La baqueta tiene un punto natural de rebote, que es aproximadamente la segunda tercera parte de esta, es ahí de donde tiene que ser tomada; cada baqueta es distinta por lo que hay que realizar varios golpes agarrando la baqueta en distintos puntos y determinar cuál es el punto de mayor rebote en nuestra baqueta.

Para realizar los ejercicios, las manos tienen que estar extremadamente relajadas y la baqueta debe ser agarrada de manera que este libre para poder rebotar, pero también apretada para que no se te caiga: el golpe debe ser como un látigo, la muñeca interviene mucho en esta acción con un movimiento de arriba-abajo, el antebrazo esta estático y el movimiento es emitido desde el hombro, casi como si fueras a volar, de hecho con esta técnica el golpe es siempre solo el primero los demás son rebotes.

El redoblante y como tocarlo.
Es un tambor con hebras llamadas bordones dispuestas diametralmente en la membrana inferior, las cuales le proporcionan su característico timbre más estridente y metálico que el del tambor común.

Usamos la técnica moeller y puedes tocarlo con golpes centrados (solo con la punta de la baqueta), o con golpes acentuados (con la punta de la baqueta y el aro del redoblante al mismo tiempo).

Los toms y como tocarlos.
Usamos la técnica moeller y generalmente se golpean en el centro del tambor, también puedes golpearlos acentuados con el aro y el parche al mismo tiempo para crear algún efecto o sonido particular.

Los platillos.

Los hi-hats son platillos rítmicos y no necesitan ser tocados con tanta agresividad, se tocan con la punta de baqueta y los acentos con el cuello de la baqueta como se muestra en la imagen.

Con la punta de la baqueta

Con el cuello de la baqueta

El ride es un platillo rítmico y no necesita ser tocado con tanta agresividad, se toca con la punta de baqueta como se muestra en la imagen.

El crash es un platillo para apertura y corte, se toca con el cuello de la baqueta al borde del platillo (como se muestra en la imagen), también puedes hacer dinámicas mas sublimes usando la punta de la baqueta para apoyar alguna melodía de intro o crear cualquier ambiente para empezar o finalizar la pieza.

El pentagrama.

Es un conjunto de cinco líneas y cuatro espacios que sirven para escribir música, las líneas y los espacios se cuentan de abajo hacia arriba.

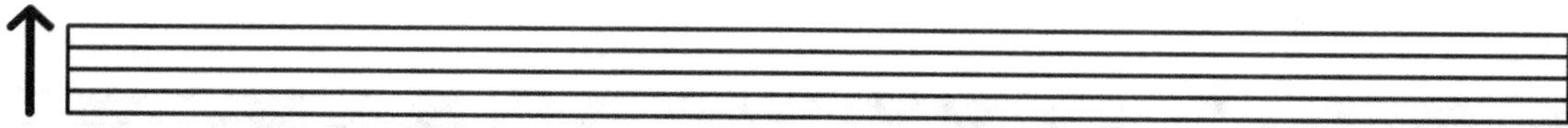

La clave de percusión.

Actualmente con este símbolo se identifica la batería.

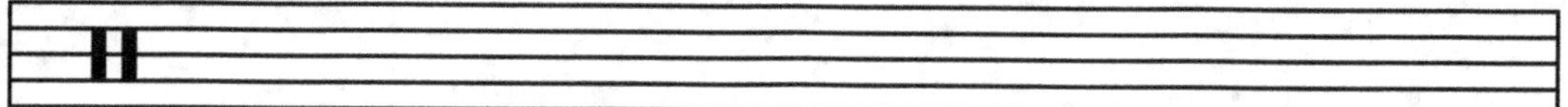

El compás.

El compás está conformado por un numerador y un denominador. El numerador indica los tiempos que dura el compás, y el denominador la figura que dura un tiempo.

<u>4</u> = El compás tiene 4 tiempos.
 4 = La figura que dura un tiempo es la negra ♩ cuando el denominador es 4.

La línea divisora.

Son líneas verticales que identifican y separan cada compás.

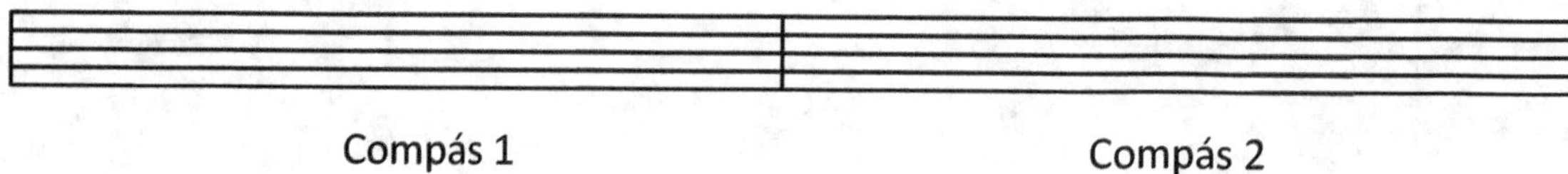

Compás 1   Compás 2

El metrónomo.

Sirve para indicarnos la velocidad que debemos tocar la pieza.

Si tu no tienes un metrónomo en físico, puedes descargar uno digital desde tu celular.

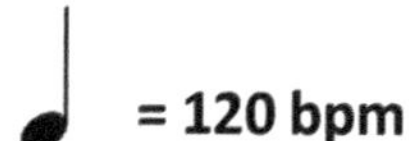

Conoce las figuras de las notas musicales.

Nota: las fusas y semifusas no las vamos a usar en este método.

Nombre	Figura	Silencio	Tiempos
Redonda	𝅝	▬	4
Blanca	𝅗𝅥	▬	2
Negra	♩	𝄽	1
Corchea	♪	𝄾	1/2
Semicorchea	𝅘𝅥𝅯	𝄿	1/4

En la música existen diferentes signos, los cuales son necesarios para simplificar la escritura musical, aunque no los vamos a usar en este método deberías conocer algunos.

Conoce dos de los signos más importantes.

La doble barra significa el final de la melodía.

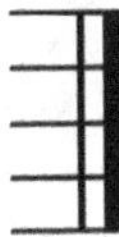

La barra de repetición significa que se repite varias veces lo mismo.

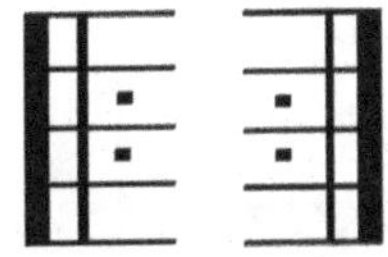

Dinámicas de volumen.

pp.   *(Pianissimo = Muy Suave)*

p.   *(Piano = Suave)*

mp.   *(Mezzo Piano = Moderadamente Suave)*

mf.   *(Mezzo Forte = Moderadamente Fuerte)*

f.   *(Forte = Fuerte)*

ff.   *(Fortissimo = Muy Fuerte)*

Antes de comenzar con nuestro primer ejercicio en la batería, debemos saber cómo está sonando nuestro instrumento, aprende como tiene que sonar la batería antes de tocar.

La afinación de la batería.
Uno de los puntos importantes para el baterista y a veces el más difícil es, como afinar la batería.

La afinación de este instrumento es muy personal, sin embargo, existen baterías que ya vienen fabricadas para ser afinadas en un tono especifico.

¡Comencemos!
El bombo, este es el tambor mas grande de la batería y es el que tiene frecuencias más graves por ende debe sonar gordo y profundo, podemos dejarle una afinación un poco baja para crear esa sensación profunda.

Los toms, el tom agudo generalmente es de 8" o 10" y para estos se usan afinaciones altas, es decir, que den tonos más agudos.

Los toms de 8" o 10" hoy día casi no se usan, las nuevas tendencias musicales han hecho que los bateristas configuren su instrumento con sonidos más graves y oscuros, sin embargo, hay quienes los siguen usando.

El tom medio puede ser de 12" o 13" generalmente para estos tambores se usan afinaciones medias, es decir, entre agudo y grave.

El tom de piso o floor tom, puede ser de 14", 16" o 18" generalmente se usa una afinación grave y profunda.

El redoblante, aquí va a depender del gusto de cada baterista y que estilo de música quiere tocar. Por lo general para el pop y balada se usan afinaciones altas, para el rock afinaciones mas bajas, sin embargo, hay algunos que prefieren afinaciones altas.

Para llegar a la afinación deseada debemos apretar cada tensor en forma de cruz y en el sentido de las agujas del reloj, es decir cruzado y de izquierda a derecha (como se muestra en la imagen). Cada tensor debe tener el mismo tono en cada punto de tensión para que pueda tener un sonido unísono y mantener la nota o el tono que queremos lograr.

Paso 1

El redoblante que aparece en la imagen superior es un *Sonor Beech* de 14"x6" suena increíble, lo que mas me gusta es que es muy versátil y sirve para tocar cualquier género musical con distintas afinaciones. ¡Es uno de mis favoritos!

La ubicación de la batería en el pentagrama.

Como leer las figuras de las notas musicales.

Para poder realizar los ejercicios que están escritos en este método debes saber cómo leer cada figura de las notas musicales.

El principal trabajo del baterista es el de llevar el tiempo, ¿has visto en algún concierto cuando el baterista cuenta golpeando las baquetas? Eso significa que está marcando la velocidad de la pieza y el tiempo que dura el compás.

Los círculos que vez a continuación simulan el pulso:

O O O O O O O O O O O O O O O O

Enciende el metrónomo y coloca cualquier velocidad, puede ser 60bpm.
Cada sonido del metrónomo es uno de los círculos.

Entonces con este ejemplo estarías leyendo las negras. La figura negra es unidad de tiempo, cada vez que suena el metrónomo y golpeas al unísono estas leyendo una negra.

Ahora ¿cómo leemos las redondas?
Las redondas duran 4 tiempos, eso quiere decir que vas a golpear cada cuatro círculos.

Mira el ejemplo con los círculos, el que está en negrita y más grande es el primer tiempo, fíjate que cada cuatro círculos hay uno más oscuro y grande.

O o o o O o o o O o o o O o o o

Las blancas, duran 2 tiempos, quiere decir que vas a golpear cada 2 círculos.

O o O o O o O o O o O o O o O o

Las corcheas, duran ½ tiempo necesitamos dos medios tiempos para tener 1 tiempo. Entonces vamos a golpear 2 veces sobre cada circulo. El "Ta" seria el primer medio tiempo y el "Ca" el otro medio tiempo.

Ta Ca - Ta Ca - Ta Ca - Ta Ca

O   O   O   O

Las Semicorcheas, duran ¼ de tiempo necesitamos 4 cuartos de tiempos para obtener 1 tiempo.

Entonces golpeamos 4 veces sobre cada circulo. El "Ta" sería el primer cuarto de tiempo, el "Ca" el segundo cuarto, el "Ti" el tercer cuarto y el "Co" el último cuarto de tiempo.

Ta Ca Ti Co - Ta Ca Ti Co - Ta Ca Ti Co - Ta Ca Ti Co

O   O   O   O

Ahora ya sabes cómo leer cada figura de las notas musicales y estás listo para comenzar en la batería.

Los ejercicios a continuación están escritos en 4/4 y solo trabajaremos con las figuras Negras, Corcheas y Semicorcheas.

Recomendación importante: Estudia frente a un espejo, para que puedas corregir errores a la hora de tocar, por ejemplo; si llegas a tener mala postura o si estas tomando mal las baquetas.

Estudia cada ejercicio mínimo 15 minutos cada uno como un loops (es decir, termina el ejercicio y comienza de nuevo sin parar) y aumenta la velocidad del metrónomo en este orden; 60bpm – 90bpm – 120bpm.

Nota: los siguientes 4 ejercicios no se trata solo hacer sonar cada nota, también hay que leer los números y letras en voz alta.

A continuación, el primer ejercicio lo haremos con sencillos sobre el hi-hats y pasaremos por las figuras Negras, Corcheas y Semicorcheas.

D = mano derecha

I = mano izquierda

Ejercicio #1

La primera variación que vamos a hacer con este ejercicio es sencilla, aplicaremos un bombo en todos los primeros tiempos de cada compás.

Ejercicio #2

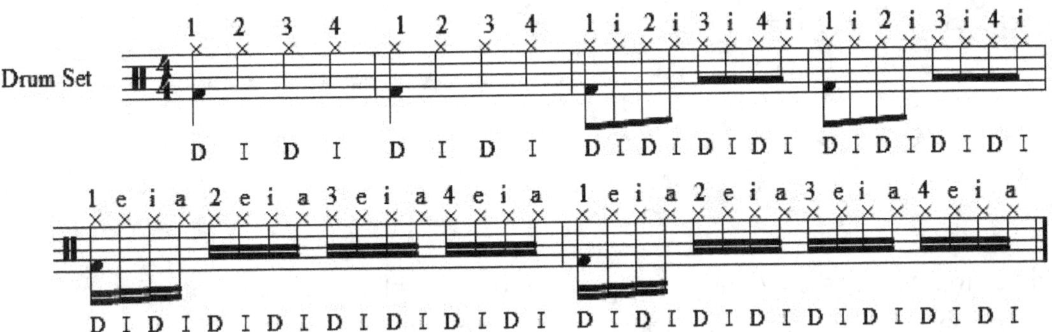

La segunda variación es similar a la primera, con la diferencia que ahora le vamos a añadir otro bombo, pero esta vez en el primer y tercer tiempo de cada compás.

Ejercicio #3

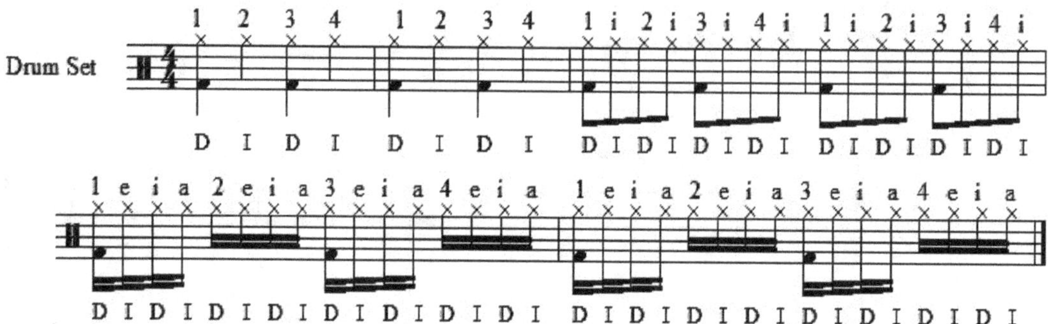

Tercera variación, sonaremos el bombo en negras en todos los compases.

Ejercicio #4

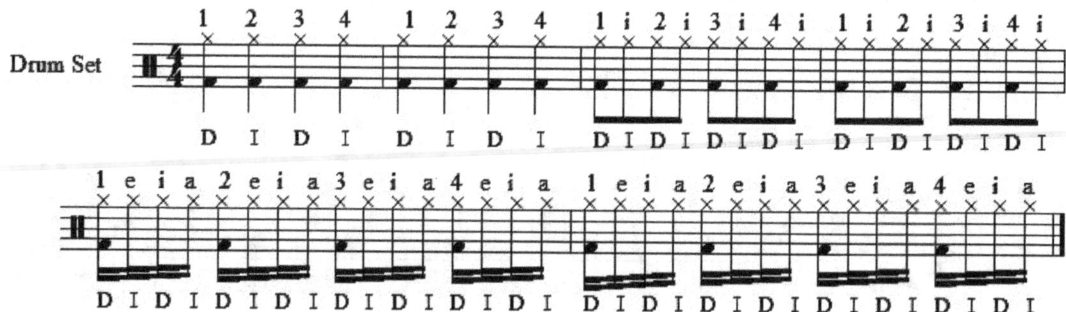

Cuando domines todas las variaciones, pasaremos a ver algunos rudimentos importantes y necesarios para la ejecución de este instrumento tan interesante.

Los rudimentos sencillos.

Aquí usaremos el redoblante.

Con este ejercicio también puedes hacer calentamientos y trabajar la velocidad.

D = mano derecha

I = mano izquierda

Ejercicio #5

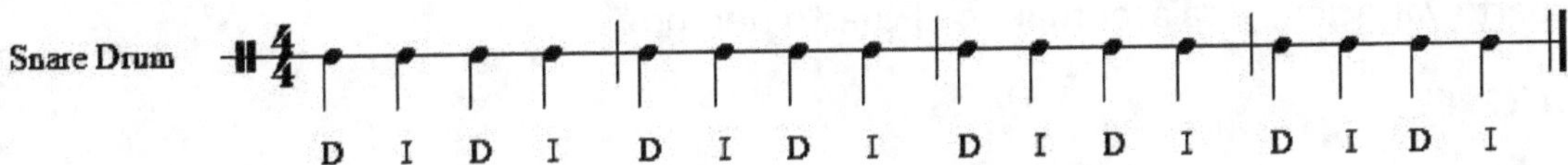

La primera variación será acentuando el primer tiempo.

> = Significa que debes golpear más fuerte (Acento).

Ejercicio #6

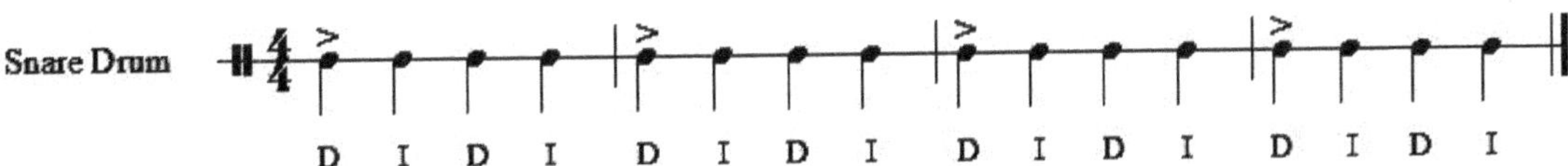

La segunda variación, será acentuando el segundo tiempo.

Ejercicio #7

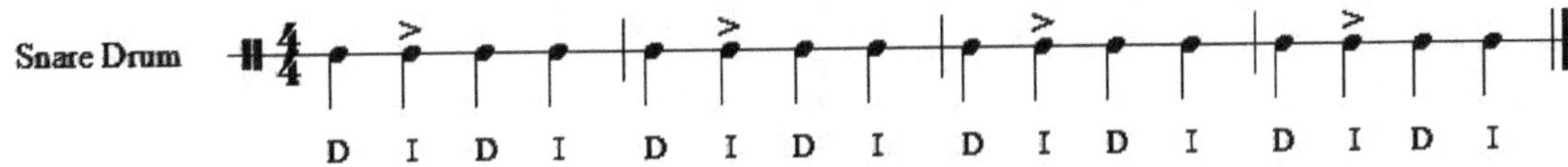

La tercera variación, será acentuando el tercer tiempo.

Ejercicio #8

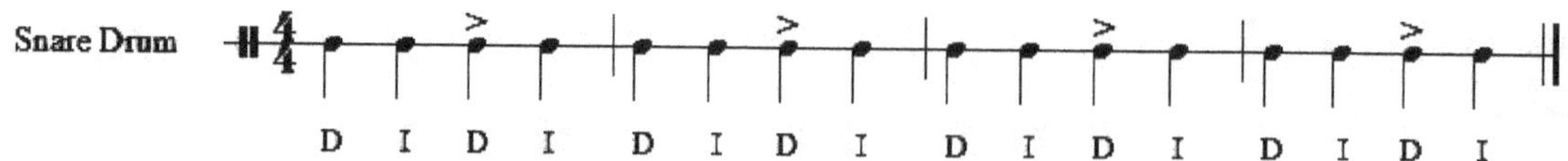

La cuarta variación, será acentuando el cuarto tiempo.

Ejercicio #9

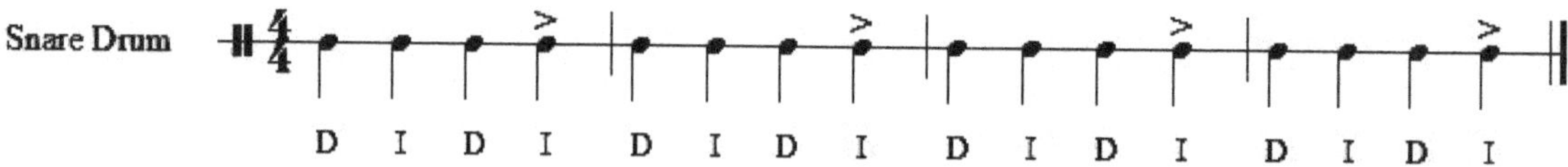

Ahora haremos un acento en cada tiempo de cada compás.

Ejercicio #10

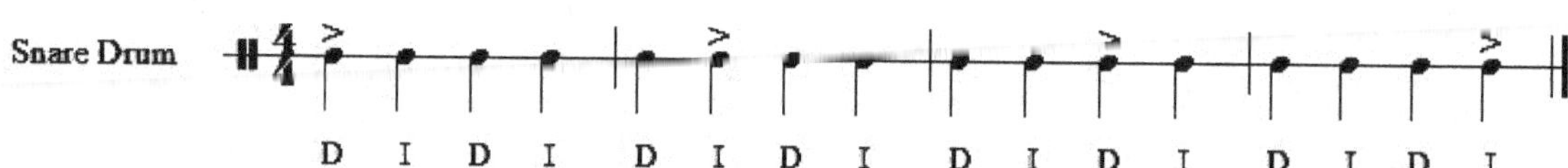

Luego vamos a sonar un bombo en todos los primeros tiempos de cada compás.

Ejercicio #11

¡Seguimos! suena dos bombos, uno en el primer tiempo y el otro en el tercer tiempo de cada compás.

Ejercicio #12

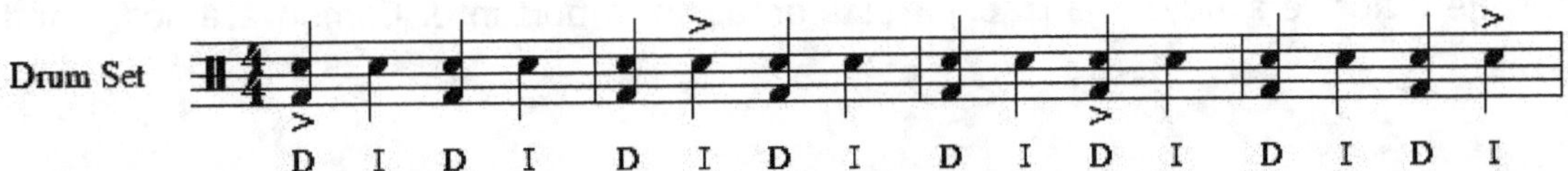

Ahora suena el bombo a negras en todos los compases.

Ejercicio #13

Ejercicios para la coordinación.

Una de las características principales del baterista es la de coordinar cada miembro del cuerpo y cada extremidad.

Estos ejercicios te ayudaran a trabajar esta área tan importante. Comenzaremos usando negras.

Ejercicio #14

Cuidado con los silencios, es muy importante respetarlos. Aquí combinamos algunos.

Ejercicio #15

Ahora veremos algunos silencios de blancas.

Ejercicio #16

Aquí vamos a usar algunas corcheas y el bombo a negras.

Ejercicio #17

Ejercicio #18

Ejercicio #19

Ejercicio #20

Ejercicio #21

En esta parte, vamos a usar las semicorcheas combinadas con negras y el bombo va a negras.

Ejercicio #22

Semicorcheas combinadas con corcheas y el bombo va a negras.

Ejercicio #23

Semicorcheas en todos los compases y el bombo va a negras.

Ejercicio #24

Semicorcheas combinadas con silencio de negras. El bombo a negras en los tiempos 1, 2 y 4.

Ejercicio #25

Aquí vamos a trabajar un poco el control del bombo, vamos a hacer corcheas con el bombo y marcamos un redoblante con la mano derecha en los tiempos 1, 2, 3 y 4.

Ejercicio #26

Seguimos haciendo corcheas con el bombo y marcamos un redoblante con la mano izquierda en los tiempos 1, 2, 3 y 4.

Ejercicio #27

Combina la mano derecha e izquierda y continúa marcando el bombo en corcheas.

Ejercicio #28

Ejercicios para la independencia.

Esta es la parte más difícil para el baterista, sin embargo, es la parte que más me gusta.
Vamos a comenzar haciendo algunas combinaciones entre semicorcheas y corcheas acentuando la ultima nota de cada tiempo en el platillo ride.

Ejercicio #29

Ahora vamos a agregar un bombo en cada primer tiempo.

Ejercicio #30

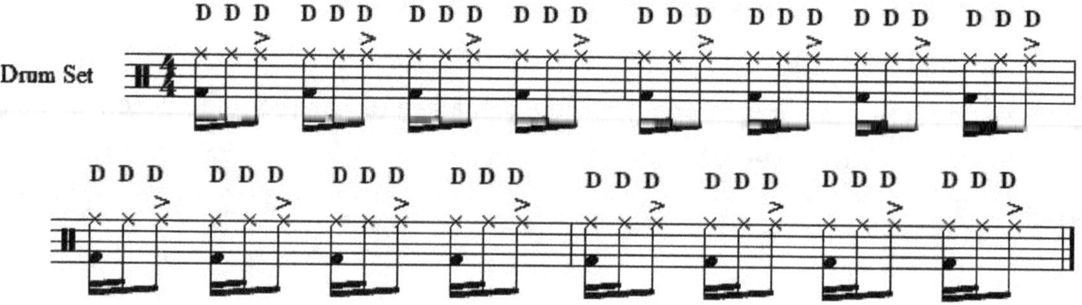

Usaremos el hi-hats con el pie izquierdo ubicado debajo de la línea del bombo identificado con una "x" al mismo tiempo que acentuamos la corchea con la mano derecha.

Ejercicio #31

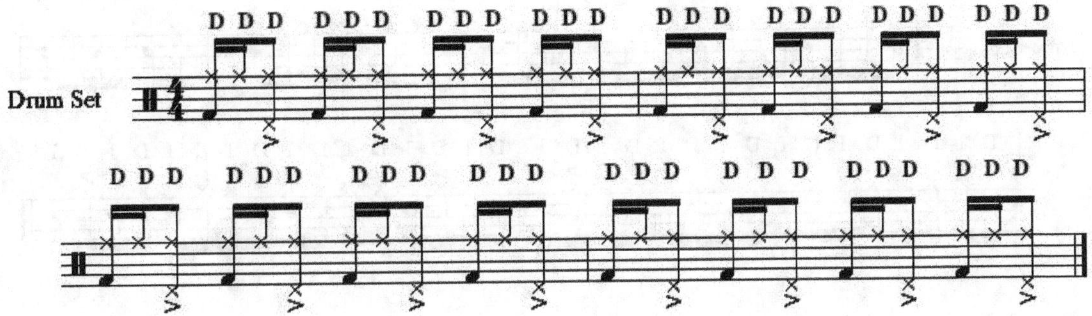

Agrega un redoblante en el 2 y 4 tiempo, lo tocaremos con la mano izquierda.

Ejercicio #32

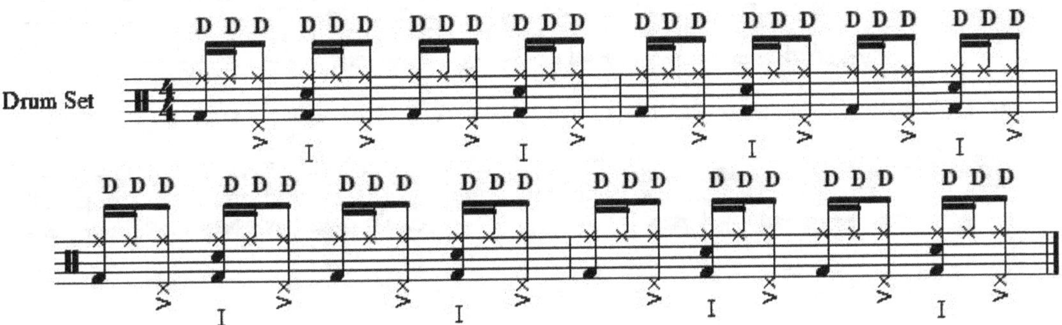

Ahora vamos a combinar golpes con el hi-hats y el redoblante.

Ejercicio #33

Agrégale un acento a la tercera semicorchea de cada tiempo.

Ejercicio #34

Agrega un bombo en cada tiempo.

Ejercicio #35

Ahora luego de haber estudiado esta serie de ejercicios importantes, pasaremos a crear algunos patrones rítmicos que tienen que ver con los géneros; Balada, Pop, Rock.

Conoce un poco sobre estos géneros musicales.

La Balada, se origina en los Estados Unidos, tras la comercialización de los discos en la década de 1920, cuando deciden llamar "Ballad" a los temas lentos de temática romántica, su aparición se debe a una cultura floreciente causada por las migraciones de Europa hacia América a causa de la primera guerra mundial. Se define como una melodía cantada acompañada por una instrumentación ensoñadora y simple.

El Pop, es un género de música popular que tuvo su origen a finales de los años 1950 como una derivación del tradicional pop, en combinación con otros géneros musicales que estaban de moda en aquel momento.

La instrumentación se compone habitualmente de batería, bajo, guitarra eléctrica, teclado y sintetizador.

El Rock, es un término amplio que agrupa a una variedad de géneros de música popular. Su forma originaria, conocida como rock and roll, surgió mayormente de la combinación de dos géneros anteriores como eran el blues y el country. La música rock también se nutrió fuertemente del blues y el folk, e incorporó influencias del jazz, la música clásica y otras fuentes. El rock se ha centrado en la guitarra eléctrica, normalmente como parte de un grupo de rock con cantante, bajo y batería. Típicamente, el rock es un género musical centrado en las canciones, habitualmente con compases de 4/4.

Comencemos con el primer patrón rítmico.

Hi-hats a negras con la mano derecha, bombo en el tiempo 1 y redoblante en el tiempo 3.

Ejercicio #36

Variaciones.

Incluye dos bombos en los tiempos 2 y 4.

Ejercicio #37

Ahora, agrega corcheas en el hi-hats.

Ejercicio #38

Cambiaremos el redoblante, ahora lo haremos; bombo en los tiempos 1 y 3, el redoblante en los tiempos 2 y 4. El hi-hats lo tocamos en negras.

Ejercicio #39

Agrega corcheas al hi-hats.

Ejercicio #40

Ahora agregamos otro bombo y tenemos un patrón clásico de Rock en la batería.

Ejercicio #41

Aquí tenemos 4 bombos por compas, mantén el pulso.

Ejercicio #42

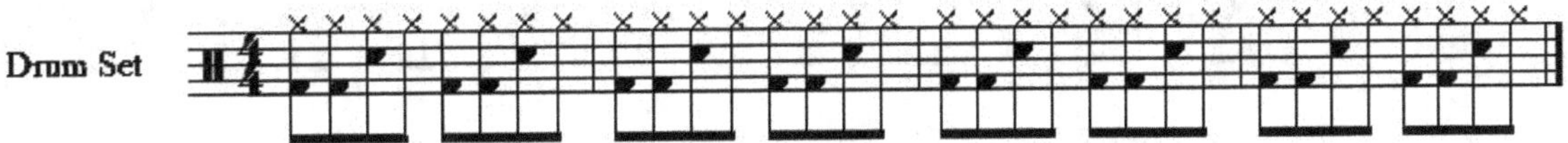

Seguimos haciendo variaciones, ahora un bombo en el tiempo 1 y otro en la "i" del segundo tiempo.

Ejercicio #43

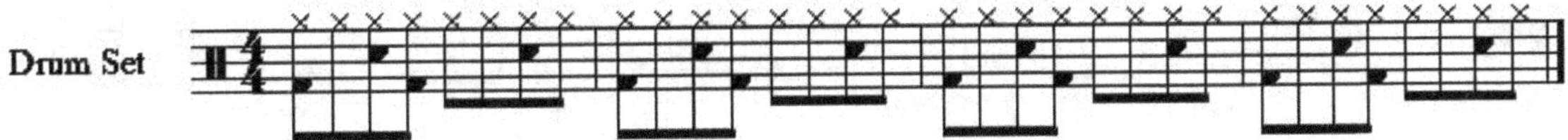

Agrega otro bombo, esta vez en la "i" del tercer tiempo.

Ejercicio #44

Ejercicio #45

Cuidado con los bombos agregados. Mantén el pulso.

Ejercicio #46

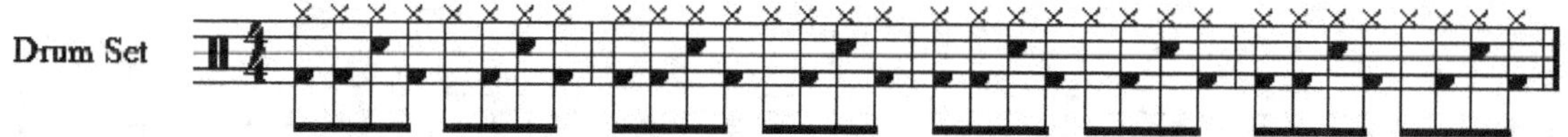

De aquí en adelante vamos a hacer algunos cambios, no usaremos el hi-hats esta vez, ahora vamos a usar el platillo ride.

Bombo en el primer tiempo y el redoblante en el tercer tiempo. El ride va a corcheas.

Ejercicio #47

Aquí lo hacemos más corrido, bombo 1 y 3 y redoblante 2 y 4. Seguimos con el ride en corcheas.

Ejercicio #48

¡El groove clásico de Rock! Esta vez con el ride.

Ejercicio #49

¡Mas Rock! 4 bombos por compás.

Ejercicio #50

En esta parte, vamos a conocer como abrir los hi-hats.

Como abrir los platillos hi-hats.

En primer lugar, debes conocer cómo identificamos el hi-hats abierto. Lo haremos con un circulo pequeño encima de la nota musical, eso significa que vas a abrir los platillos hi-hats y cuando veas el signo (+) significa que allí lo cierras.

¡Comencemos!

Abriremos el hi-hats en la "i" del cuarto tiempo de cada compás.

Ejercicio #51

Esta vez será en la "i" del segundo tiempo de cada compás.

Ejercicio #52

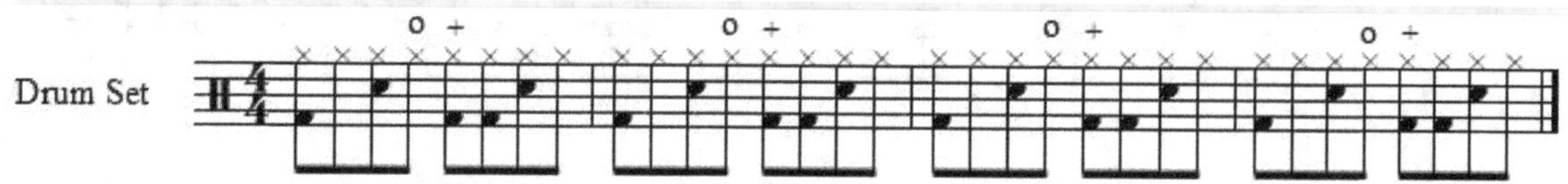

Ahora en la "i" del primer tiempo de cada compás.

Ejercicio #53

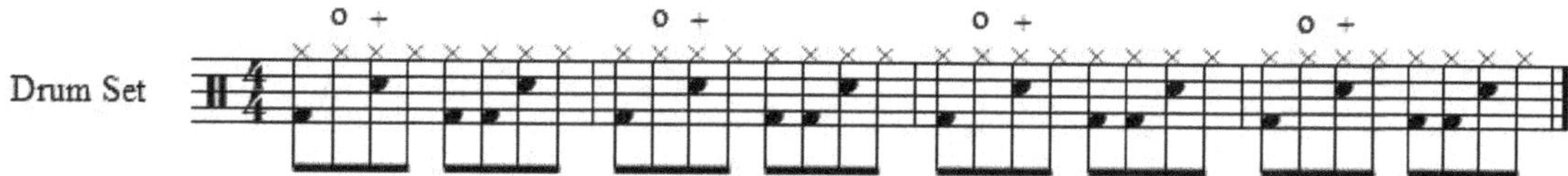

Aquí vamos a hacerlo dos veces por compás, este me gusta mucho.

Abrimos el hi-hats en la "i" del primer tiempo y en la "i" del segundo tiempo de cada compás.

Ejercicio #54

En este punto veremos algunos rudimentos, recuerda que comenzando vimos los rudimentos sencillos que son con la mano derecha e izquierda, aquí vamos a combinar las manos con otros rudimentos que son muy importantes también.

Los rudimentos dobles.

2 golpes con la mano derecha y 2 con la mano izquierda.

Con este ejercicio también puedes hacer calentamientos y trabajar la velocidad.

Ejercicio #55

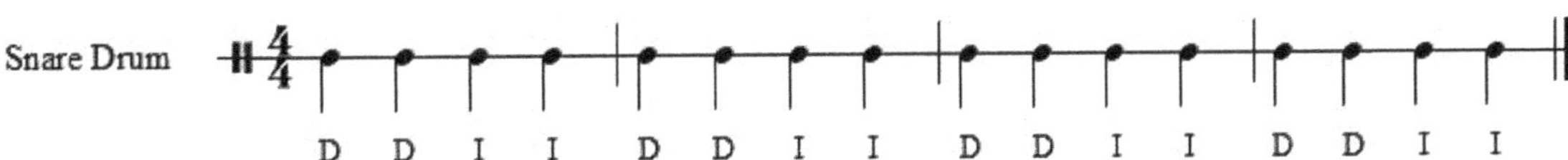

Seguimos esta vez con corcheas.

Ejercicio #56

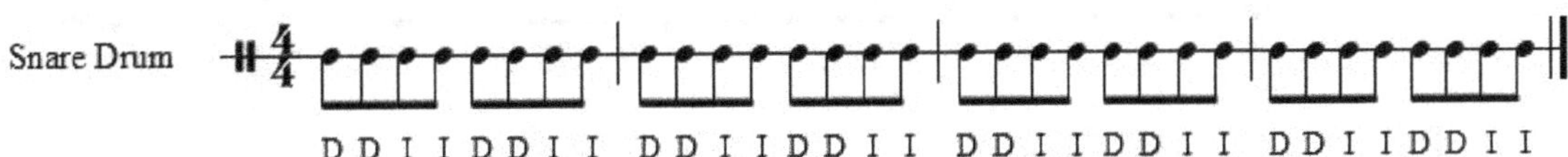

Pásalo a semicorcheas.

Ejercicio #57

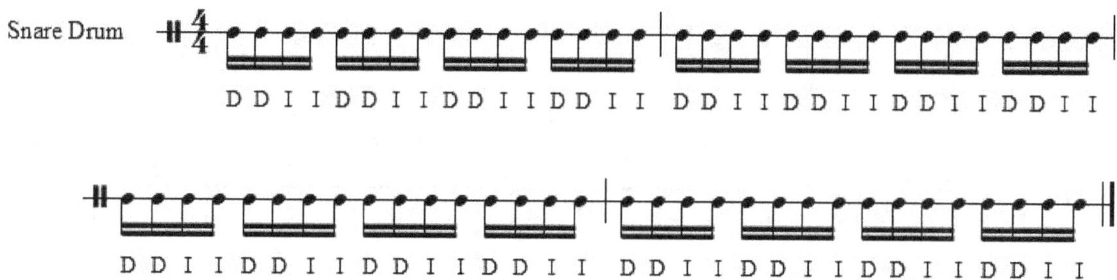

Ahora vamos a conocer otro rudimento que se usa mucho.

El paradiddle sencillo.

Con este ejercicio también puedes hacer calentamientos y trabajar la velocidad.

Aquí combinamos los sencillos con los dobles.

Ejercicio #58

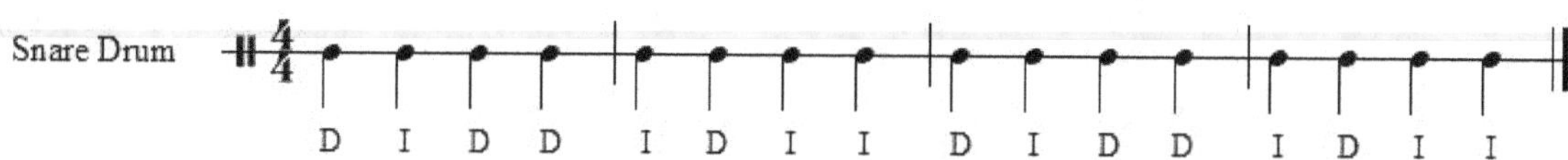

Pásalo a corcheas.

Ejercicio #59

Ahora con semicorcheas.

Ejercicio #60

Vamos a acentuar todos los primeros tiempos de cada compás.

Ejercicio #61

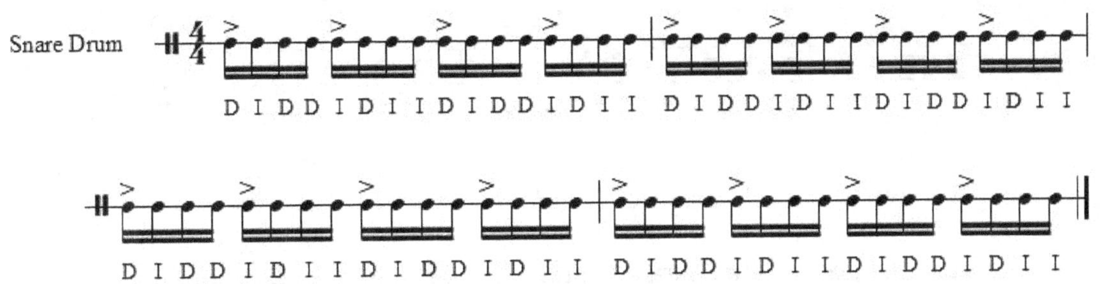

Ahora acentúa todos los últimos tiempos de cada compás.

Ejercicio #62

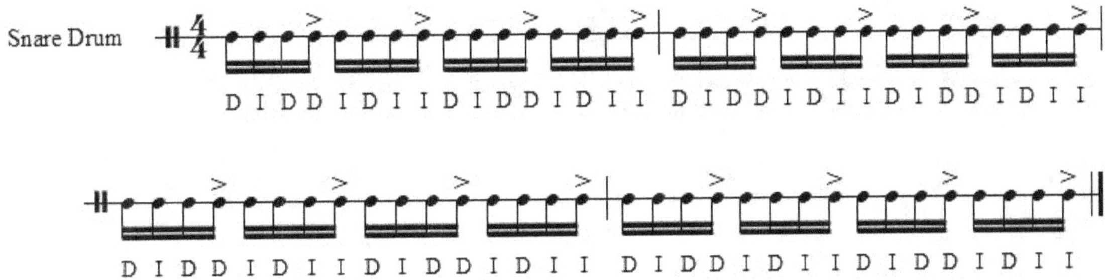

Cuidado con los acentos.

Ejercicio #63

Vamos a hacer una variación con los toms.

Ejercicio #64

Vamos a agregar algunos acentos para los toms.

Ejercicio #65

Ahora vamos a ver cómo suena el paradiddle sencillo como groove.

Comenzamos con hi-hats y redoblante.

Ejercicio #66

Primera variación con el bombo.

Ejercicio #67

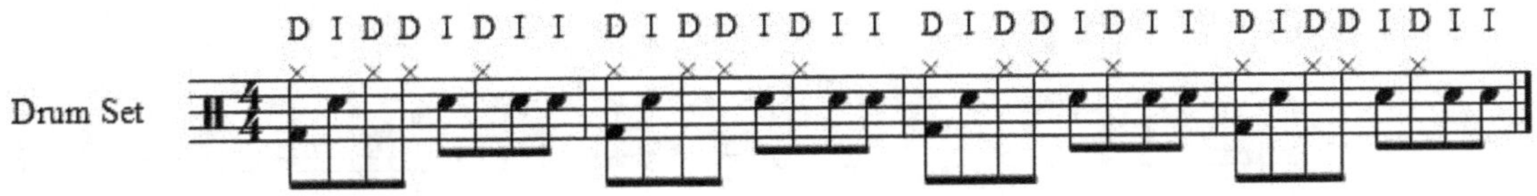

Segunda variación con el bombo.

Ejercicio #68

Esta es la parte que seguramente estabas esperando.

Los fills o repiques.

Vimos una serie de rudimentos y ejercicios con distintas variaciones. Ahora aplicaremos todos los conocimientos que hemos aprendido para esta parte final.

Comenzamos con un patrón rítmico sencillo y vamos a hacer nuestro primer fills o repique de 2 tiempos.

La idea de este ejercicio es que vayas poniendo en práctica lo aprendido.

¡Vamos!

Ejercicio #69

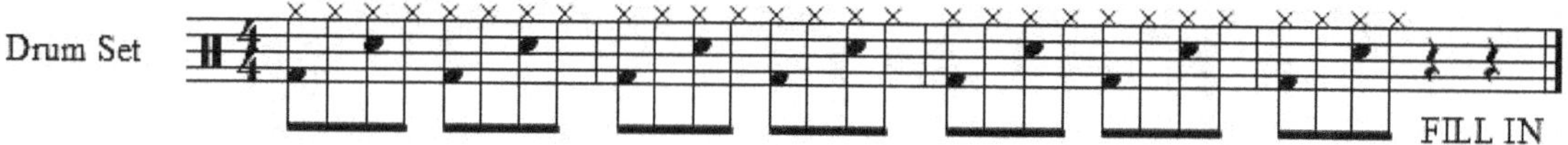

Te daré algunas ideas.

Ejercicio #70

¡Seguimos!

Ejercicio #71

Comenzaremos a usar el platillo Crash en el primer tiempo del primer compás y el tercer compás.

Ejercicio #72

¡Mas ideas!

Ejercicio #73

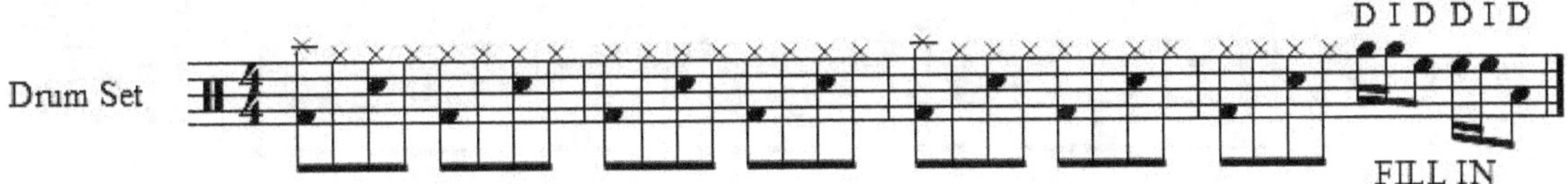

Cambiemos el groove y el fills, cuidado con las semicorcheas.

Ejercicio #74

Otras ideas para los fills.

Ejercicio #75

Acentúa el platillo Crash.

Ejercicio #76

Otra idea combinando corcheas.

Ejercicio #77

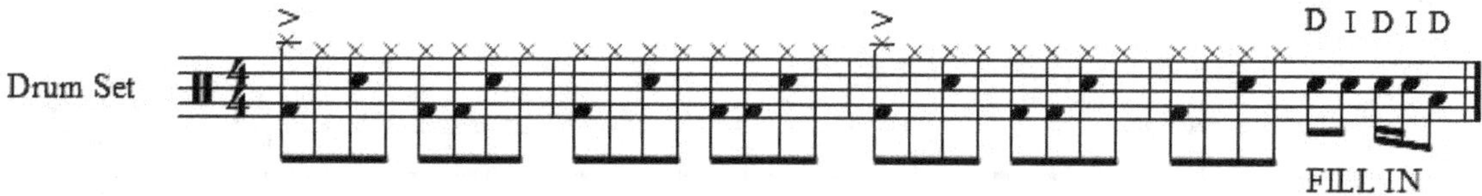

Con este ejercicio terminamos los fills de 2 tiempos.

Ejercicio #78

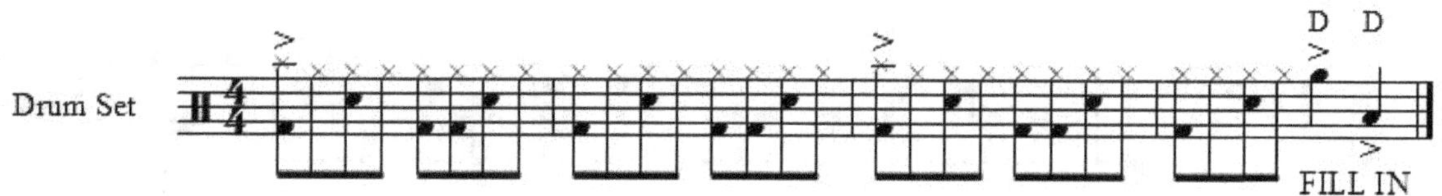

Ya viste varias combinaciones de fills de 2 tiempos, ahora vamos a trabajar con los de 4 tiempos.

¡Comenzamos!

Ejercicio #79

Te daré algunas ideas.

Ejercicio #80

¡Seguimos!

Ejercicio #81

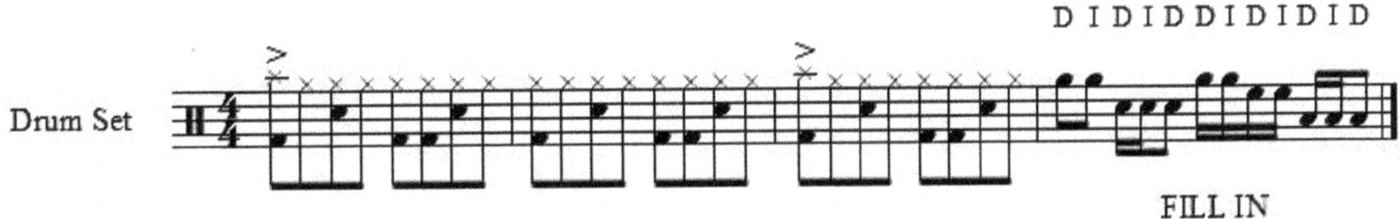

Cuidado con los acentos.

Ejercicio #82

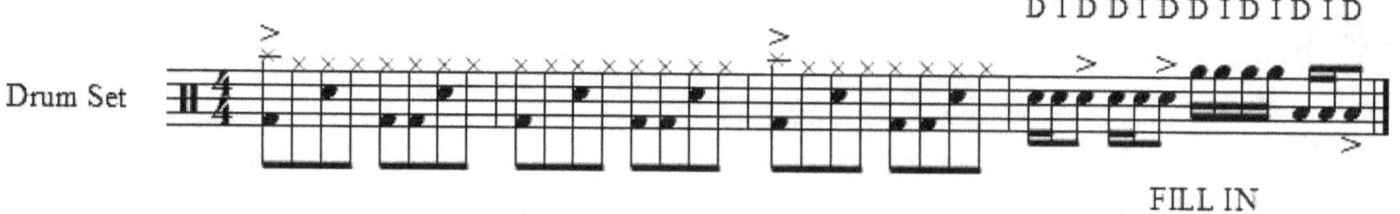

Recuerda respetar los silencios, son importantes.

Ejercicio #83

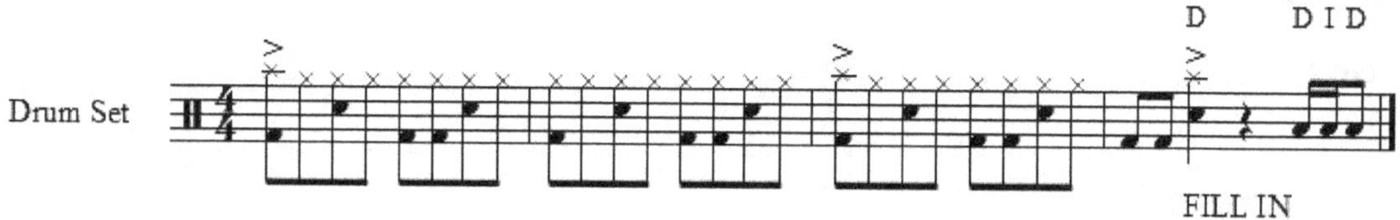

¡Otro más!

Ejercicio #84

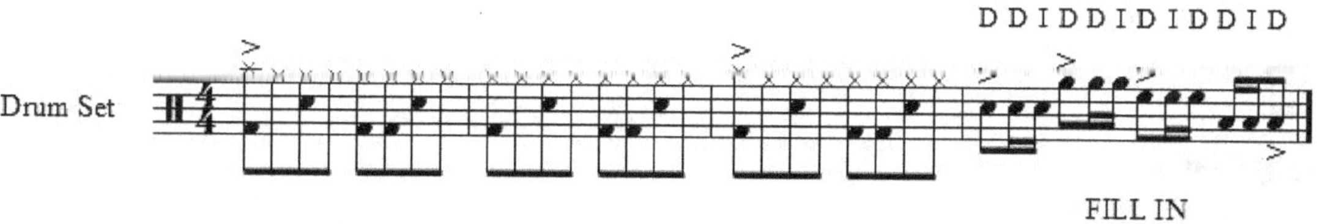

¡El ultimo!

Ejercicio #85

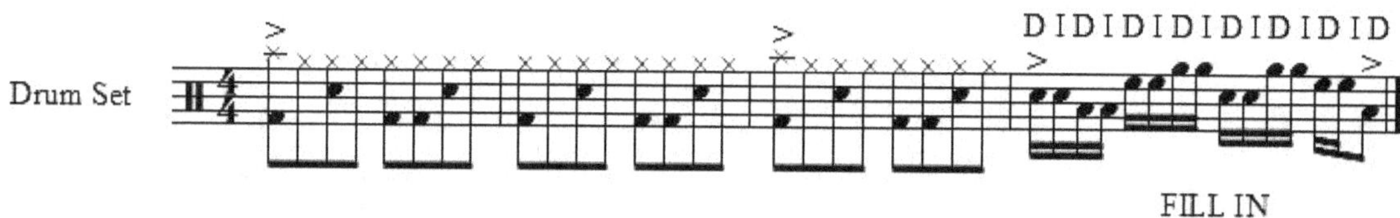

De aquí en adelante trabajaremos todas las combinaciones posibles, vamos a incluir el crash, ride, hi-hats abierto, acentos, repiques de 2 y 4 tiempos.

¡Vamos!

Ejercicio #86

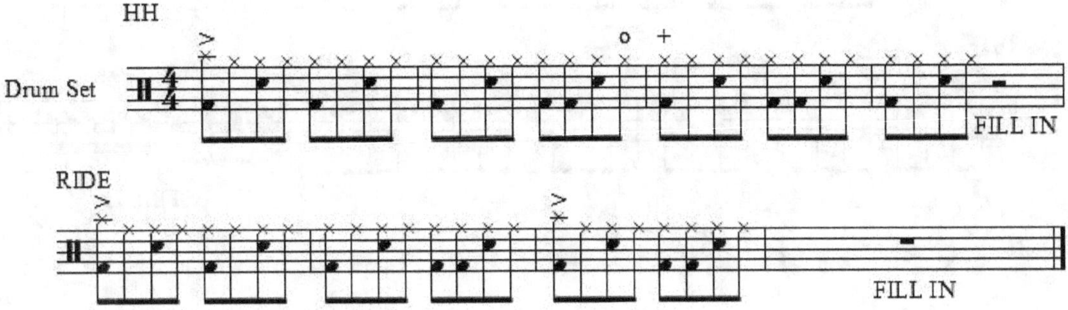

¡Tomate tu tiempo!

Aquí quitaré el orden de las manos en los repiques.

Ejercicio #87

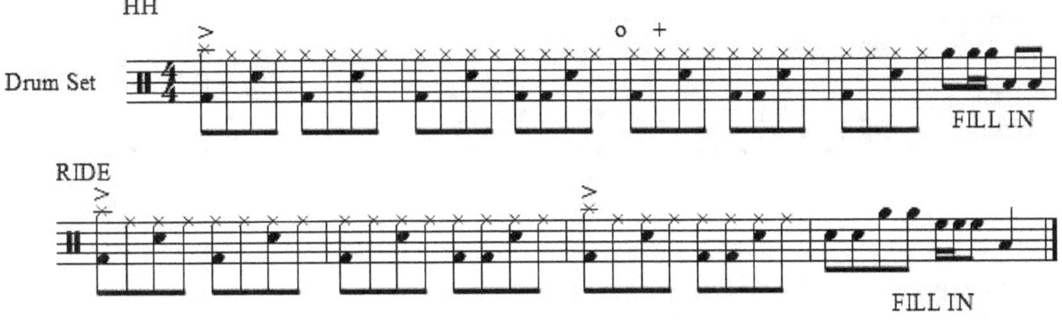

Mantén el pulso.

Ejercicio #88

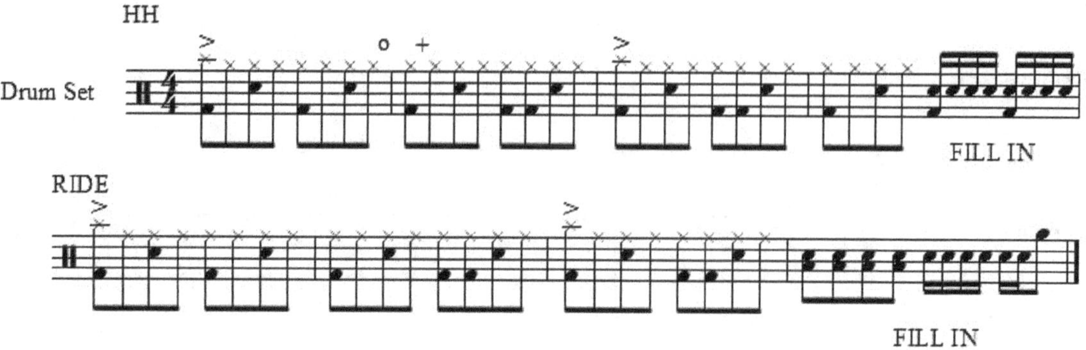

Cuidado con los acentos.

Ejercicio #89

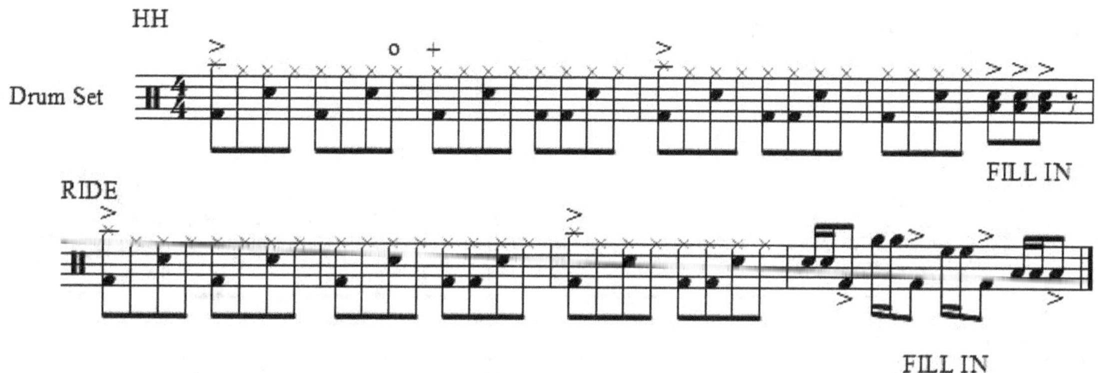

¡Ya casi terminamos!

Ejercicio #90

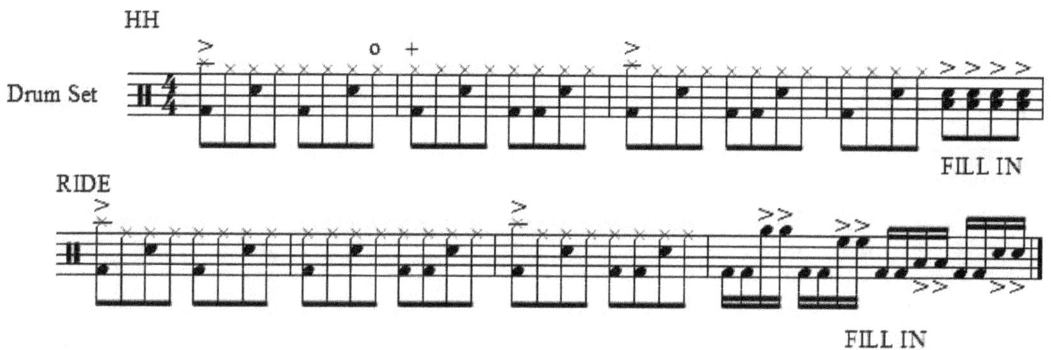

La mano izquierda.

Para los que somos derechos, la mano izquierda es la mano tonta (así le llaman) y también debemos trabajarla. Aquí vamos a ver algunos ejercicios para independizar la mano tonta.

Nota: si eres zurdo invierte el ejercicio.

¡Empecemos!

Ejercicio #91

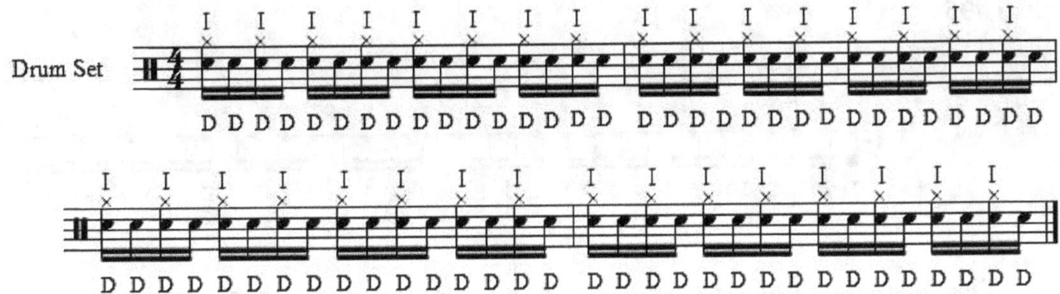

Ejercicio #92

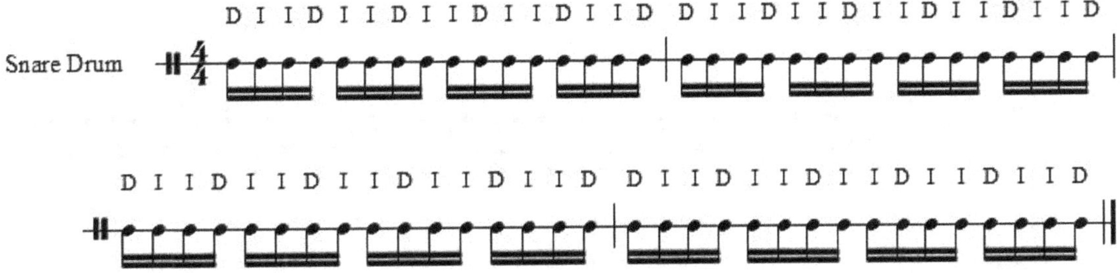

Ejercicio #93

Ejercicio #94

Ejercicio #95

Ejercicio #96

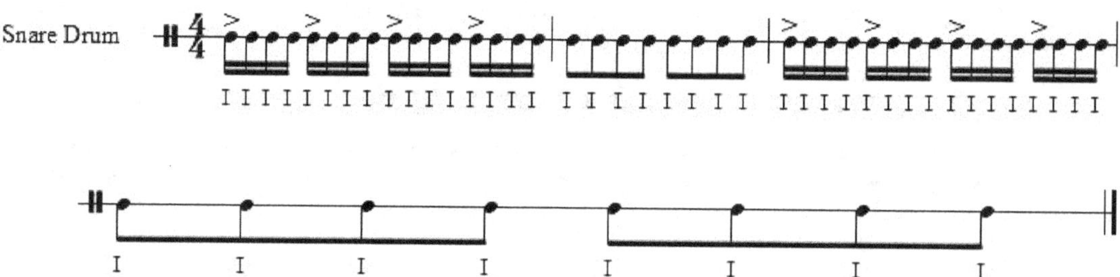

Ejercicio #97

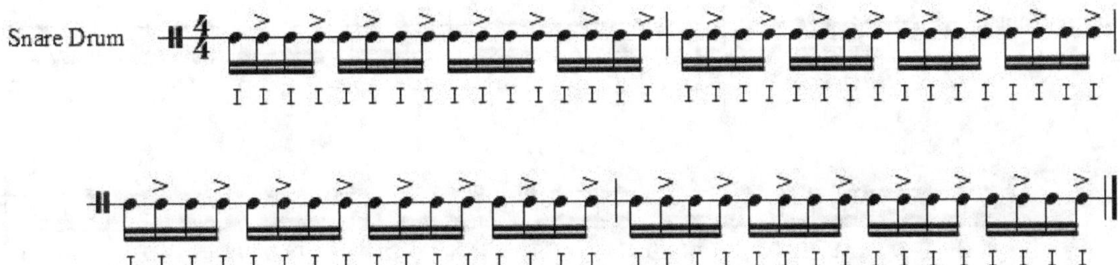

Ejercicio #98

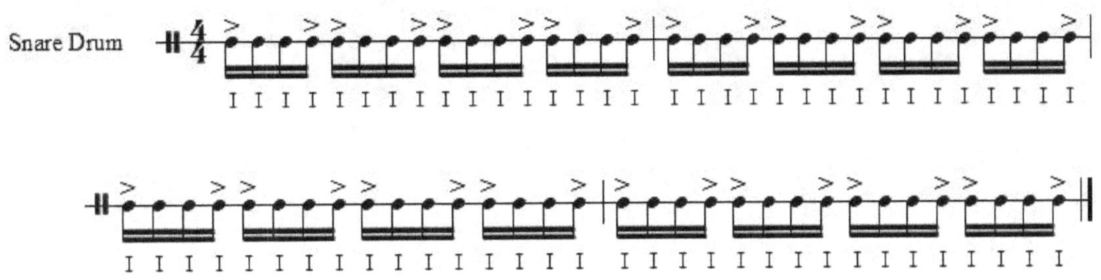

Ejercicio #99

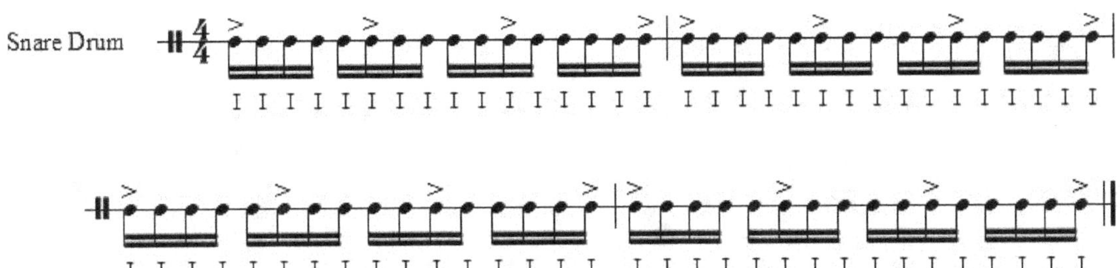

Ejercicio #100

¡Felicidades!

Agradecimientos.

Quiero agradecer a Dios por darme el talento y la oportunidad de hacer música, también a mi familia, amigos y colegas que de alguna manera han colaborado con mi carrera.

A mis patrocinantes, Sonor Drums, Sabian Cymbals, Remo Drumheads, Vic Firth Drumsticks, Westone In-Ears, Audix Mics, Cympad, Rimriser, Rtom y Big Fat Snare Drum.

También a mis alumnos que han sido la inspiración para crear este método.

Referente al autor.

Enzo Bacino nació en Barquisimeto la capital musical de Venezuela, a los 16 años comenzó su carrera como músico. Desde entonces ha sido nominado a diferentes premios importantes junto a artistas como Santoral (Nominados al Latin Grammy 2011 & Premios Pepsi Music 2015), Nahum Calderón (Nominado a los Premios Arpa - XII Edición), Chuchuguaza Style (Nominados a los Premios Pepsi Music 2015), y también ha sido ganador de los premios; Mara de Oro 2017 (Baterista Internacional del Año), Mara Internacional - Mara de Platino (Mención Honorífica - Excelente Trayectoria como Músico) 2014, La Estrella de Venezuela 2013 (Músico del Año) y Gran Águila de Venezuela 2013 (Músico del Año).

Participó en los Premios Billboard de la Música Latina 2016 con los artistas; Víctor Manuelle, Yandel, Alejandra Guzmán y Gerardo Ortiz. Premios Billboard de la Música Latina 2017 con los artistas; Alejandro Fernández, Morat, Pedro Capo, Luis Figueroa, Christian Pagan y Reik. También trabajó como músico de banda en la final de la 4ta temporada de La Voz Kids 2016 con el artista Roberto Tapia. Expolit 2016 con la artista Sheila Romero. Expolit 2019 con los artistas; Blest, Julissa, Daniel Calveti, Roberto Orellana, Ruthy Rosario y Jacobo Ramos. Converse Rock Festival 2011 con La Corriente y en el Festival Internacional de Jazz Barquisimeto 2009 con eCos.

Ha trabajado como baterista de gira con diferentes artistas como; Frank Quintero, Seth Condrey, René González, Ricardo Rodríguez, Danny Berrios, Tercer Cielo, Blest, Santoral y Renan Carias. También ha trabajado como baterista en shows importantes y en televisión con los artistas; David Zepeda, Christopher Uckermann, Leonardo Aguilar, Joss Favela, Benjamín Rivera, Christine D Clario, Obie Bermúdez, El Dasa, Karina La Voz, Silvia Mendivil, Patricia Manterola, Farruko, Amenazzy, Lary Over, Sebastian Yatra, Cali y El Dandee, Adan Allende, Ruthy Rosario, Daniel Calveti, Jacobo Ramos, Julissa, Jose Luis Reyes, Roberto Orellana, Alex Campos, Marger, Jon Secada, Mike Bahia, Fonseca y Andrés Cepeda.

Ha grabado en más de 30 producciones musicales como baterista y ha dedicado gran parte de su carrera musical a la enseñanza. Es el Fundador de la Escuela de Música Anaco "Bellas Artes", la Academia de Música "Vicenzo" y promotor del primer Encuentro de Bateristas en Lara - Venezuela.

En el 2017 participó como músico en la serie del canal Telemundo "Mariposa de Barrio" que habla sobre la vida de la cantante Jenni Rivera.

Enzo es patrocinado por baterías SONOR, platillos SABIAN, baquetas VIC FIRTH, parches REMO, microfonos AUDIX, monitores de oidos WESTONE, accesorios CYMPAD, accesorios RTOM, BIG FAT SNARE DRUM y cross-sticks RIMRISER.

Otros Créditos.

- El texto de "la historia de la batería, la balada, el pop y el rock" fueron extraídos con información de "Wikipedia".

- Los rudimentos "sencillos, dobles y paradiddle sencillo" fueron extraídos del libro (Stick Control) de "George Lawrence Stone".

www.enzobacinodrums.com